AF370847

LE PARNASSE,

BALLET

A L'OCCASION DE LA NAISSANCE

DE MONSEIGNEUR LE DAUPHIN;

DONNE' AU ROY,

SUR LA COUR DE MARBRE A VERSAILLES,

Le cinquiéme jour d'Octobre 1729.

Par l'Ordre de Monsieur le Duc de MORTEMART.

DE L'IMPRIMERIE

De JEAN-BAPTISTE-CHRISTOPHE BALLARD,
Seul Imprimeur du Roy pour la Musique, & Noteur
de la Chapelle de Sa Majesté.

M. DCCXXIX.

Par exprès Commandement de Sa Majesté.

PREMIERE ENTRE'E.

ACTEURS CHANTANTS;

A POLLON,   Le S^r. Chaſſé.

  SATURNE,   Le S^r. Thevenard.

ACTEURS DANSANTS;

Le S^r. Laval,

La D^{lle.} Prevôt ;

Le S^r. Dumoulin-4. & la D^{lle.} Mariette ;

Les Srs. Tabary, Savar, Malter-C., Matignon, Dangeville ;

Les D^{lles.} Petit, Thybert, Durocher, Lamartiniere, Binet.

LE PARNASSE,
BALLET.

PREMIERE ENTRE'E.

APOLLON, ET LES MUSES.

APOLLON.

M USES, *Préparez vos Concerts,*
Le plus grand Roy de l'Univers
Fait aujourd'hui le bonheur de la Terre;
De cet heureux Valon, Il remplit les
    souhaits.
Sans craindre deformais les fureurs de la Guerre,
    Chantez les douceurs de la Paix.

LES MUSES.

Sans crindre deformais les fureurs de la Guerre,
    Chantons les douceurs de la Paix.

                On danse.

BELLE-
ROPHON,
M. de
Lully.

SATURNE.

PHAETON,
M. de
Lully.

UN Heros qui merite une gloire immortelle,
Au séjour des Humains, aujourd'huy nous rapelle;
Le Siécle, qui du Monde a fait les plus beaux jours,
Doit sous son Regne heureux recommencer son cours:
Il calme l'Univers, le Ciel le favorise,
Son auguste Sang s'éternise,
Il voit combler ses Vœux par un Heros naissant :
Tout doit être sensible au plaisir qu'il ressent.

CHOEUR.

ISIS,
Du même

Célébrons son grand Nom sur la Terre & sur l'Onde,
Qu'il ne soit pas borné par les plus vastes Mers;
Qu'il vole jusqu'au bout du monde,
Qu'il dure autant que l'Univers.

On danse.

SATURNE.

PHAETON,
Du même.

Que les Mortels se réjoüissent,
Que les craintes finissent;
O l'heureux Temps,
Où l'on voit tous les cœurs contents !

CHOEUR.

Que les Mortels se réjoüissent,
Que les craintes finissent;
O l'heureux Temps,
Où l'on voit tous les cœurs contents !

On danse.

DEUXIÉME ENTRÉE.

DEUXIE'ME ENTRE'E.

ACTEURS CHANTANTS;

LA MUSE LYRIQUE.

URANIE,   La D^{lle} Lemaure.

LA MUSE DE LA MUSIQUE.

POLYMNIE,   La D^{lle} Antier.

UN SUIVANT DE POLYMNIE, Le S^r. Chaſſé.

ACTEURS DANSANTS;

Le S^r. Dumoulin-4.,

La D^{lle} Mariette;

Le S^r. Laval, La D^{lle} Sallé;

Les Srs Dumay, Tabary, Dumoulin-3., Bontemps;

Les D^{lles} Thybert, Durocher, Lamartiniere, Binet.

DEUXIÈME ENTRÉE

LA MUSE LYRIQUE.

URANIE.

Euples soumis au pouvoir de **LOUIS;**
Vous, qu'on voit habiter cette riche Contrée,
Célébrez à jamais la presence d'Astrée,
Chantez, chantez des Dieux, les bienfaits infinis.

RETOUR
DES
DIEUX,
M. de
Blamont.

CHOEUR.

Célébrons à jamais la presence d'Astrée,
Chantons, Chantons des Dieux, les bienfaits infinis.

ON DANSE.

B

LA MUSE DE LA MUSIQUE.

POLYMNIE.

La noble ardeur qui m'enflâme,
Prend sa source dans les Cieux,
Et je fais goûter à l'âme
La felicité des Dieux.

Je veux, avec Uranie,
Célebrer dans mes transports
Un Empire, où l'Harmonie
Regne comme en mes Accords.

On danse.

UNE SUIVANTE DE POLYMNIE.

La simple nature
Renaît icy-bas ;
Le Ciel nous assure
Des jours pleins d'appas.

La foy la plus pure
Va dans nos Vergers,
Du cœur des Bergers
Bannir l'imposture ;
Plus d'Amants ingrats.

La simple nature , &c.

Chantez Tourterelles,
Chantez avec nous ;
Nous sommes fidelles,
Tendres comme vous.

La simple nature
Renaît icy-bas ;
Le Ciel nous assure
Des jours plein d'appas.

UN SUIVANT DE POLYMNIE.

Si canti, si goda,
Si balli, si rida ;
Non si parli di dolor ;
Dove regna la joia nel cor.

CARNA-
VAL DE
VENISE,
M. Cam-
pra.

LE CHOEUR

Si canti, si goda,
Si balli, si rida ;
Non si parli di dolor,
Dove regna la joia nel cor.

TROISIE'ME ENTRE'E.

ACTEURS CHANTANTS;

PREMIER BERGER, Le S^r. Dangerville.

DEUX BERGERES, Les D^{lles} Antier, Lemaure.

UNE AUTRE BERGERE, La D^{lle}. Pelicier.

ACTEURS DANSANTS;

La D^{lle}. Prevôt,

Les S^{rs}. Dumoulin-4., Laval;

Les D^{lles}. Sallé, Mariette;

Les S^{rs}. Dumoulin-2., Dumoulin-3., Malter-C.
Malter-L.

Les D^{lles}. Tybert, Durocher, Lamartiniere, Binet.

TROISIE'ME ENTRE'E.

LA MUSE PASTORALE.

CHEF DE BERGERS.

 *Abitans fortunez des Rives de la Seine,*
Accourez à ma voix, venez, assemblez-vous:
Pour vôtre auguste Roy, pour vôtre auguste
Reine,
 Formez les Concerts les plus doux.

P R E S E N T S
D E S
D I E U X,
M. de
Blâmont.

CHOEUR.

Accourons, accourons des rives de la Seine,
 Allons, assemblons-nous:
Pour nôtre auguste Roy, pour nôtre auguste Reine,
 Formons les Concerts les plus doux.
On danse.

UNE BERGERE.

 De Cerès & de Pomone,
 Les tresors brillent à nos yeux:
 A son tour Bacchus nous donne
  Son jus délicieux.

La plus vive allegresse
Doit regner sans cesse
Dans nos cœurs ;
Que de biens ! qu'ils ont de charmes !
On les goûte sans allarmes ;
Rien n'en trouble les douceurs :
Les Dieux n'ont pour nous que des faveurs.

Du même.

De Cerés, &c.

Nous devons tout attendre
Quand le Ciel est ouvert pour nous :
Il vient de répandre
Le bien qui fait l'objet de nos vœux les plus doux,
La voix de nos cœurs s'est fait entendre ;
Nous avons le prix d'un soin si tendre ;
Nos vœux empressez
Enfin sont exaucez.

De Cerés & de Pomone,
Les tresors brillent à nos yeux :
A son tour Bacchus nous donne
Son jus délicieux.

DEUX BERGERES.

Que de plaisirs tour-à-tour vont renaître,
Nous les devons au plus charmant des Roys
De tous les cœurs il est l'aimable Maître ;
Ah ! qu'il est doux de vivre sous ses loix !

On danse.

DEUX AUTRES BERGERES.

Tout rit dans nos champs ;
Quelle aimable parure !
Pour nous la nature
N'a qu'un printemps :

Grands Dieux , qui sur nous
Versez tant de richesses ,
Par d'autres largesses
Signalez-vous ;
Jardins cheris ,
Lieux embellis ,
Donnez encore
Des biens sans prix :
Jardins cheris ,
Lieux embellis ,
Faites éclore
De nouveaux Lys.

LE CHEF DES BERGERS.

Tendres Hautbois , douces Musettes ,
Raisonnez au milieu des Airs ;
Et vous Echos de ces Retraites ,
Repetez nos charmants Concerts.

Du même.

CHOEUR.

Tendres Hautbois , douces Musettes ,
Raisonnez au milieu des Airs ;
Et vous Echos de ces Retraites ,
Repetez nos charmants Concerts.

QUATRIE'ME ENTRE'E.

ACTEURS CHANTANTS;

APOLLON,   Le S^r. Chaffé.

LA MUSE HEROIQUE, La D^{lle}. Antier.

UNE SUIVANTE DE LA MUSE, La D^{lle}. Eermans.

UNE AUTRE SUIVANTE, La D^{lle}. Lenair.

ACTEURS DANSANTS;

Le S^r. Laval,

La D^{lle}. Sallé;

Les S^{rs}. Dumay, Dumoulin-3., Javilliers, Bontemps. Matignon;

Les D^{lles}. Durocher, Mariette, Tybert, Binet, Feret.

LES SUIVANTS DE LA RENOMME'E;

Le S^r. Malter-C.;

Les Srs Dangeville, Malter-L., Savar, Tabary.

QUATRIE'ME.

QUATRIEME ENTRE'E.
LA MUSE HEROIQUE.

APOLLON, ET LA MUSE HEROIQUE·

L E Ciel à nos vœux est propice,
Qu'une nouvelle ardeur ranime nos Concerts:
   De nos voix que tout retentisse ;
Ce grand Jour va regler le sort de l'Univers.

   Que le Ciel annonce à la Terre
   Un sort si doux & si charmant ;
   Brillants Eclairs, bruyant Tonnere,
Marquez avec éclat ce bien-heureux moment.

CHOEUR.
   Que le Ciel annonce à la Terre,
   Un sort si doux & si charmant ;
   Brillants Eclairs, Bruyant Tonnere,
Marquez avec éclat ce bien-heureux moment.

ON DANSE.

LA MUSE HEROIQUE.

PRESENTS
DES
DIEUX.
M. de
Blamont.

O Vous qui d'un aifle legere
Parcourez cent climats divers,
Partez Nymphe à cent voix , Volez, fendez les Airs,
Le bel Aftre qui nous éclaire
Doit briller par tout l'Univers.

Allez, du Couchant à l'Aurore,
Publier le deftin de ces lieux fortunez,
Annoncez que les Dieux vont adjoûter encore,
Au bien qu'ils ont déja donnez.

On danfe.

CHOEUR.

ISSE',
M. Def-
touches.

Que nos plaifirs font doux! que ta gloire eft extrême!
Que ta felicité dure autant que toy-même,
Roy charmant! puiffe-tu toûjours
Avoir & donner de beaux jours.

Que tout réponde à tes defirs?
Ton bonheur fera nos plaifirs.
Que ta gloire eft extrême !
Que ta felicité dure autant que toy-même.

On danfe.

APOLLON ET LA MUSE.

FESTES
GREC-
QUES ET
ROMAI-
NES,
M. de Bla-
mont.

Les Ris , les Graces
Suivent LOUIS dans ce féjour;
L'Amour fur leurs traces ,
Vient luy-même embellir fa Cour.

Les Dieux s'unissent,
Pour mieux répondre à ses desirs.
Que ces Lieux retentissent
De sa gloire & de nos plaisirs.

ON DANSE.

APOLLON ET LA MUSE.

Réünissez vos voix & vos hommages,   Du même.
Meslez vos vœux à vos Concerts ;
Que le nom de LOUIS, chanté sur vos rivages,
S'éleve avec l'encens, & vole dans les Airs.

CHOEUR.

Réünissons nos voix & nos hommages,
Meslons nos vœux à nos Concerts ;
Que le nom de LOUIS, chanté sur nos rivages,
S'éleve avec l'encens, & vole dans les Airs.

CINQUIEME ENTRE'E.

ACTEURS CHANTANTS;

L'EUROPE, La D^{lle.} Antier.
UNE EUROPE'ENE, La D^{lle.} Lemaure.
UNE BERGERE, La D^{lle.} Pelicier.

LE GENIE DE LA FRANCE, Le Sr. Dangerville.

TROIS EUROPE'ENES, Les D^{lles.} Lenair, Pithron, Mignier.

TROIS BERGERES, Les D^{lles.} Duclos, Roblin, Eermans.

ACTEURS DANSANTS;

Le Sr. Blondy, ESPAGNOL.
La D^{lle.} Prevôt, BERGERE.

Le Sr. Laval, & la D^{lle.} Sallé, *Espagnols.*
Le Sr. Matignon, & la D^{lle.} Mariette, *Bohemiens.*
Le Sr. Dangeville, & la D^{lle.} Durocher, *François.*
Le Sr. Savar, & la D^{lle.} Duval, *Turcs.*
Le Sr. Dumay, & la D^{lle.} Petit *Affriquains.*
Le Sr. Hamoche, & la D^{lle.} Boeffelet, *Maures.*
Les Srs. Dumoulin-2., Dumoulin-3., *Bergers.*
Les D^{lles.} Tybert, Lamartiniere, *Bergeres.*

CINQUIE'ME ENTRE'E.

L' E U R O P E,

LE GENIE DE LA FRANCE,

P'EUPLES EUROPE'ENS.

L' E U R O P E.

Ans cette paisible Retraite.
Tout rit, tout répond à mes vœux ;
Quelle felicité fut jamais plus parfaite!
Un Mortel a rendu tous les Mortels
heureux.

PHAETON,
M. de
Lully.

UNE EUROPE'ENE.

O Ciel! ô saintes Destinées,
Qui prenez soin de ses jours fleurissans ,
Retranchez de nos ans
Pour adjoûter à ses années.

IDILLE
DE
SCEAUX,
Du même.

LE CHOEUR

Repete ces quatre Vers, & continuë ce qui suit.

Qu'il regne ce Heros, qu'il triomphe toûjours,
Qu'avec luy soit toûjours la Paix ou la Victoire.
Que le cours de ses ans dure autant que le cours
      De la Seine & de la Loire.
Qu'il regne ce Heros, qu'il triomphe toûjours,
      Qu'il vive autant que sa gloire.   On danse.

CHOEUR.

Les Elements,
M. Destouches.

Trompettes, éclatez, frappez, frappez les Airs,
Annoncez, annoncez un Maître à l'Univers,
     Tous les cœurs volent sur ses traces.
C'est de luy que dépend nôtre felicité,
Sur son auguste front brille la Majesté,
     Dans ses yeux regnent les Graces.

                     On danse.

UNE AUTRE EUROPE'ENE.

Presents
des
Dieux,
M. de Blâmont.

Chantez, que vos Concerts s'élevent jusqu'aux Cieux,
Celebrez de ce jour le destin glorieux.

                   On Danse.

L'EUROPE'ENE.

Puissiez-vous, jeune Prince, éternisant la Paix,
Faire regner icy les Plaisirs à jamais:
Non, ce n'est pas toûjours la sanglante Victoire,
     Qui conduit les Rois à la gloire.

CHOEUR.

Chantons, que nos Concerts s'élevent jusqu'aux Cieux,
Celebrons de ce jour, le destin glorieux.

                   On danse.

UNE BERGERE, alternativement avec le Chœur.

De nos Bois le naiſſant feuillage,
Les gazons, les fruits, les fleurs;
Pour l'Objet du plus tendre hommage,
Tout s'accorde avec nos cœurs.

Du même.

> Jeune Zephire,
> Flore ſoupire;
> Mais, ſois jaloux
> D'un ſoupir ſi doux:
> Sa tendreſſe
> Ne l'adreſſe
> Qu'à l'aimable Roy
> Dont nous ſuivons la loy.

De nos Bois, &c.

> Sort aimable,
> Sois durable;
> Que de ſes beaux jours
> Rien ne trouble jamais le cours.
> Ris & Graces,
> Sur ſes traces,
> Avec les Amours
> Volez toûjours.

De nos Bois, &c.

On danſe.

LE PARNASSE.
CHOEUR.

<table>
<tr><td>BELLE-
ROPHON,
M. de
Lully.</td><td>

Chantons le plus grand des Mortels,
Chantons un Roy digne de nos Autels.

Par luy tous nos Champs refleuriſſent,
Les tranquiles Plaiſirs par luy ſont de retour,
De ſon Nom ſeul les Echos retentiſſent.
Si l'on ſoupire encor, ce n'eſt plus que d'amour.
Tout rit dans nos douces Retraittes,
Rien ne ſçauroit troubler le ſon de nos Muſettes:

Chantons, &c.　　　　　　　On danſe.

</td></tr>
</table>

L'EUROPE ET LE GE'NIE DE LA FRANCE.

PRESENTS
DES
DIEUX,
M. de
Blâmont.

Que je me plais à vous entendre!
Heureux Peuple, Heur. Roy, l'un pour l'autre eſt formé
Un Roy ſi digne d'eſtre aimé,
Meritoit un Peuple ſi tendre.　　On danſe.

CHOEUR.

Du même.

Que la Trompette retentiſſe,
Que les preſents des Dieux ſoient chantez à jamais:
Que la Terre au Ciel applaudiſſe,
Que la reconnoiſſance égale les bienfaits.　On danſe.

CHOEURS.

STRATA-
GEMES DE
L'AMOUR,
M. Deſtou-
ches.

Que la Trompette éclate, & que l'Echo réponde;
Ce jour eſt la feſte du Monde.

Par nos charmants Concerts, animons les Plaiſirs;
Le Ciel a rempli nos deſirs,
Que la Trompette éclate, &c.

Le Ballet finit par une Danſe générale.

9 782329 626918